A CURA DO CEGO DE JERICÓ

A CURA DO CEGO DE JERICÓ

ADEILSON SALLES

Ilustrações: L. Bandeira

Copyright © 2012 *by*
FEDERAÇÃO ESPÍRITA BRASILEIRA – FEB

1ª edição – Impressão pequenas tiragens – 1/2025

ISBN 978-85-7328-710-3

Todos os direitos reservados. Nenhuma parte desta publicação pode ser reproduzida, armazenada ou transmitida, total ou parcialmente, por quaisquer métodos ou processos, sem autorização do detentor do *copyright*.

FEDERAÇÃO ESPÍRITA BRASILEIRA – FEB
SGAN 603 – Conjunto F – Avenida L2 Norte
70830-106 – Brasília (DF) – Brasil
www.febeditora.com.br
editorial@febnet.org.br
+55 61 2101 6161

Pedidos de livros à FEB
Comercial
Tel.: (61) 2101 6161 – comercial@febnet.org.br

Adquirindo esta obra, você está colaborando com as ações de assistência e promoção social da FEB e com o Movimento Espírita na divulgação do Evangelho de Jesus à luz do Espiritismo.

Dados Internacionais de Catalogação na Publicação (CIP)
(Federação Espírita Brasileira – Biblioteca de Obras Raras)

S168c   Salles, Adeilson Silva, 1959–
        A cura do cego de Jericó / Adeilson Salles; [ilustrações] Lourival Bandeira de Melo Neto. – 1.ed. – Impressão pequenas tiragens – Brasília: FEB, 2025.

        36 p.; il. color.; 21 cm.

        ISBN 978-85-7328-710-3

        1. Literatura infantojuvenil brasileira. 2. Histórias bíblicas. I. Melo Neto, Lourival Bandeira de. II. Federação Espírita Brasileira. III. Título.

                                              CDD 028.5
                                              CDU 087.5
                                              CDE 81.00.00

Dedicatória

Ofereço esse trabalho ao menino L. Bandeira,
meu amigo nas brincadeiras literárias.

ADEILSON SALLES

Às vezes o coração vê com mais sabedoria do que os olhos.

A fé é uma luz que ilumina os corações, e mesmo que a pessoa tenha alguma limitação física, a confiança no amor de Deus faz com que as dificuldades sejam superadas.

A confiança de um homem no amor de Jesus fez com que ele enxergasse o Cristo com os "olhos do coração", iluminados pela fé.

Quero contar para você a história de um homem que era cego, e que viu Jesus primeiramente pelos "olhos do coração".

Há muitos séculos, numa cidade chamada Jericó, havia um homem chamado Bartimeu. Ele era cego.

Sua vida era sempre muito difícil, por vezes era humilhado, pois vivia de pedir esmolas.

Bartimeu vivia assim, de doação em doação, da ajuda que recebia.

Um dia comia bem, outro dia nada comia.

Alguns homens orgulhosos lhe atiravam sobras, como faziam com os animais.

Devido à cegueira, aprendeu a aguçar os ouvidos para poder viver.

Um dia em que seu coração estava muito apertado pela tristeza e pelas dificuldades que sentia, ouviu alguém contar:

— Existe um homem de nome Jesus, que cura os doentes do corpo e da alma! Onde ele passa, o bem ilumina o coração das pessoas. Em quem ele toca, o amor de Deus se manifesta. Quem ouve sua voz, escuta a melodia da paz.

Bartimeu ficou comovido com as palavras que ouvia e que chegavam ao seu coração. Para ele, a esperança agora tinha nome, e se chama Jesus.

Aguçou os ouvidos para escutar mais algumas informações sobre aquele homem especial, mas as pessoas que comentavam o fato se afastaram depressa.

Naquele tempo, "Jesus, a luz do mundo", andava entre os homens, falando de amor, curando e pregando o Evangelho.

Pouco tempo se passou e Bartimeu pensava: "Onde posso encontrar esse homem chamado Jesus? Eu tenho certeza que Ele pode me curar! Mas como posso encontrá-lo?"

Mais dias se passaram, e agora os comentários entre as pessoas de Jericó eram mais frequentes. Diziam uns:

— Quem conhece Jesus nunca mais é o mesmo!

Diziam outros:

— Ele é a luz do mundo!

E outros mais:

— Só quem vem de Deus é capaz de fazer o que Ele faz!

Bartimeu sentiu a força da esperança, agora imensa dentro de si.

Quanto mais ele ouvia falar de Jesus, mais tinha certeza que seria ajudado.

Mesmo não vendo por meio dos olhos, ele começava a sentir dentro de si o crescer da esperança.

Intimamente, esperava pela oportunidade de encontrar aquele homem que falava de amor e trazia Deus para a Terra.

Num dia especialmente quente, Bartimeu pedia esmolas, à beira do caminho, quando seus ouvidos aguçados lhe fizeram perceber alguém que se aproximava correndo pela estrada.

Para surpresa de Bartimeu, um homem gritava passando por ele:

— Jesus de Nazaré vai passar por Jericó! Ele vai passar por aqui! Ele está vindo!

Bartimeu ficou de prontidão.

Dizia para si mesmo: "A esperança vai passar por aqui, meu coração sente isso!"

O coração de Bartimeu começou a bater mais forte, num ritmo feliz, e sua respiração ficou ofegante.

De ouvidos atentos, ele queria ouvir Jesus, a voz da esperança para todos os que sofrem.

E agora ele podia ouvir as vozes se aproximando, eram muitas vozes.

E Bartimeu pensava: "Como é que Ele vai me ouvir?"

Eram muitas pessoas, uma enorme gritaria.

Entre os gritos, ele conseguia ouvir muitas vozes pedindo a Jesus que os curasse.

Sua angústia aumentou, e ele se perguntava: "Com tanta gente pedindo e implorando, como é que Ele vai ouvir um cego como eu? Eles ainda podem vê-Lo para pedir, eu não. Mas eu creio n'Ele, mesmo não O vendo com meus olhos, posso enxergá-Lo com meu coração. Vejo pelo meu coração que Jesus é a luz do mundo!"

Bartimeu desesperou-se quando a multidão se aproximou; era muita gente pedindo.

Foi nesse momento que uma emoção intensa tomou conta de Bartimeu, que, iluminado intimamente pela luz da fé, começou a gritar também:

— JESUS, FILHO DE DAVI, TENHA COMPAIXÃO DE MIM!

E algumas pessoas que conheciam Bartimeu gritaram:

— Cego infeliz, não vês que Ele não pode te ouvir? Fique quieto! Ele está longe!

O coração de Bartimeu via Jesus, pois o cego de Jericó gritava ainda mais alto na direção que ia o Mestre:

— JESUS, FILHO DE DAVI, TENHA COMPAIXÃO DE MIM!!

Nesse momento, Jesus interrompeu a caminhada. Ele identificou, no meio de tantas vozes, a voz de Bartimeu, carregada de fé e esperança. O pedido do cego de Jericó chegou aos ouvidos do Mestre, que parou. Todos pararam, o silêncio se impôs e Jesus disse:

— Chamai-o!

Toda a multidão O acompanhava em silêncio; ouviu-se ainda uma vez mais o pedido de Bartimeu:

— JESUS, FILHO DE DAVI, TENHA COMPAIXÃO DE MIM!!!

— Tende bom ânimo! Ele te chama! – disse um homem ajudando-o.

Nesse momento, retirando de cima do ombro sua capa, Bartimeu ergueu-se rapidamente.

Conduzido à frente de Jesus, ouviu a melodia de amor, a voz do Mestre:

— Que queres que eu faça?

— Mestre, que eu veja!

Num gesto amoroso, Jesus impôs suas mãos sobre os olhos de Bartimeu, que em instantes passou a enxergar.

Jesus ainda disse antes de seguir:

— Vá em paz, a tua fé te curou!

Uma brisa perfumada passeou pela atmosfera de Jericó.

Bartimeu, vivendo na escuridão dos olhos até então, teve os olhos iluminados pela visão.

Seu coração viu a luz da fé; seus olhos, viram o amor em forma humana.

Foi pela fé do coração que a cegueira foi curada.

Ele viu Jesus com a alma, depois com os olhos físicos.

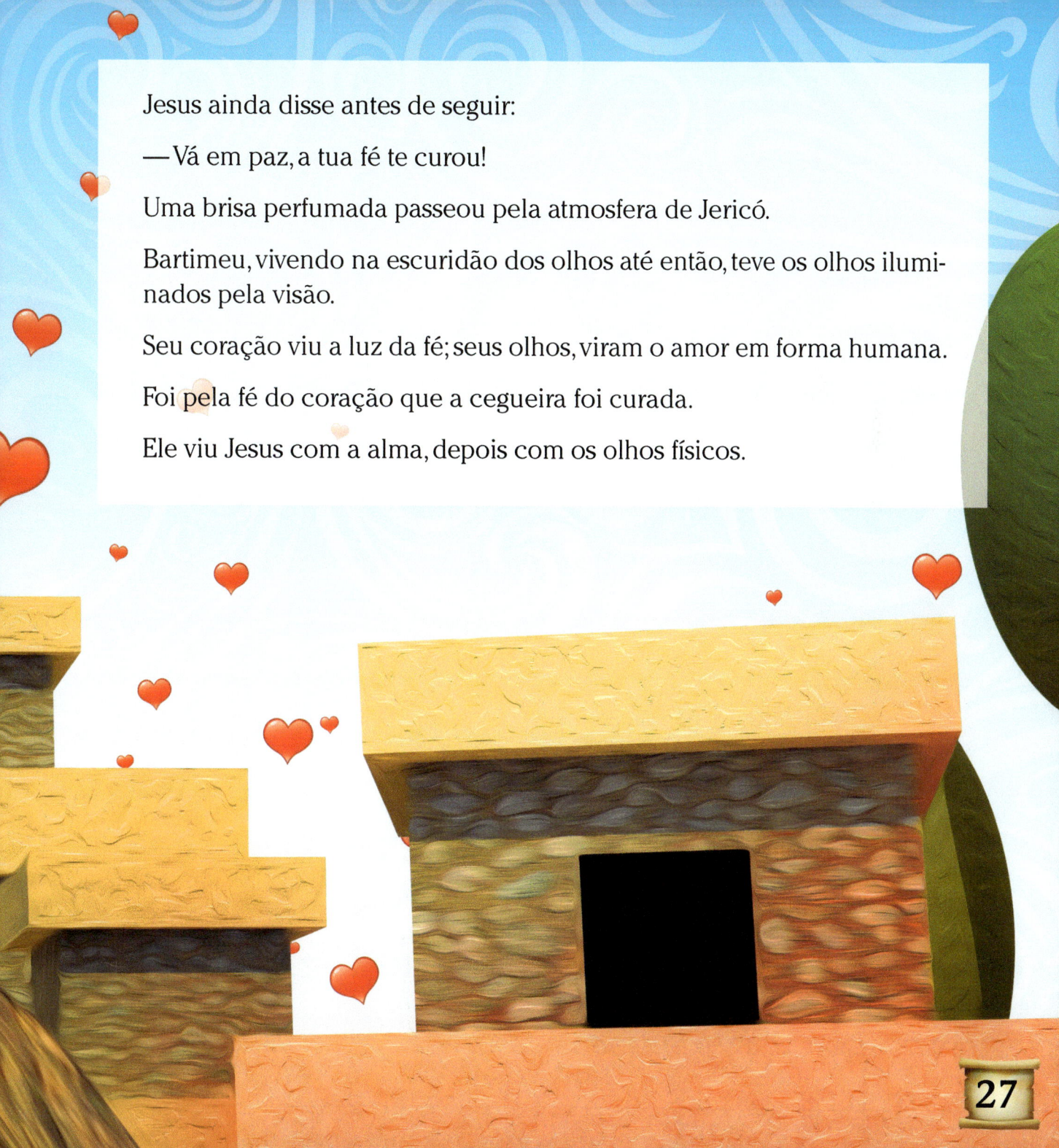

Aqueles que têm "olhos no coração" vejam com fé, o que muitas vezes os olhos do corpo não conseguem ver!

Bartimeu viu o amor, e não existe limitação física que impeça o homem de amar.

Essa é a história de Bartimeu, um homem de fé!

Um homem que teve fé e viu Jesus, a luz do mundo!

Conheça outras obras infantis da FEB Editora.

Uma aventura no reino da Batatinha

Batatinha é uma vira-lata, que foi adotada ainda pequena depois de ter sido abandonada nas ruas. Muito dócil e brincalhona, ela passa os dias correndo atrás dos passarinhos no jardim da nova casa.

Certo dia, um filhote de cambaxirra cai dentro da caixa d'água e, a partir de então, começa a luta de Batatinha para tentar salvar o animal.

Tal situação se torna um exemplo para todos os bichos da região, pois, assim, eles aprendem o verdadeiro sentido de ajudar o outro e descobrem um sentimento que lhes permite resolver problemas do grupo: a compaixão.

Conheça outras obras infantis da FEB Editora.

A Rua Sem Nome

Imagine um local em que todas as pessoas são tristes e solitárias. É a Rua Sem Nome!

Bené, que mora bem lá no fim desta rua, é um menino de coração muito bom, que recolhe material descartável para vender.

Ele escolheu um nome para a rua. Sabe qual?

Depois de ler esta incrível historinha, você, amiguinho, também pode escolher um nome para a Rua Sem Nome!

Use a imaginação!

A cura do cego de Jericó				
EDIÇÃO	IMPRESSÃO	ANO	TIRAGEM	FORMATO
1	1	2012	2.000	21x21
1	2	2012	2.000	21x21
1	3	2016	1.000	21x21
1	IPT*	2022	200	21x21
1	IPT	2023	100	21x21
1	IPT	2024	100	21x21
1	IPT	2024	100	21x21
1	IPT	2025	100	21x21

*Impressão pequenas tiragens

Conselho Editorial:
Carlos Roberto Campetti
Cirne Ferreira de Araújo
Evandro Noleto Bezerra
Geraldo Campetti Sobrinho – Coord. Editorial
Jorge Godinho Barreto Nery – Presidente
Maria de Lourdes Pereira de Oliveira
Miriam Lúcia Herrera Masotti Dusi

Produção Editorial:
Elizabete de Jesus Moreira

Revisão:
Elizabete de Jesus Moreira

Capa, Projeto Gráfico e Ilustrações:
Lourival Bandeira de Melo Neto

Diagramação:
Ingrid Saori Furuta

Normalização Técnica:
Biblioteca de Obras Raras e Documentos Patrimoniais do Livro

Esta edição foi impressa no sistema de Impressão pequenas tiragens, em formato fechado de 210x210 mm. Os papéis utilizados foram o Couché fosco 90 g/m² para o miolo e o Cartão 250 g/m² para a capa. O texto principal foi composto em fonte ITC Cheltenham Std Light. Impresso no Brasil. *Presita en Brazilo.*